中华人民共和国
无障碍环境建设法

中国法制出版社

中华人民共和国无障碍环境建设法

ZHONGHUA RENMIN GONGHEGUO WUZHANG'AI HUANJING JIANSHEFA

经销/新华书店

印刷/保定市中画美凯印刷有限公司

开本/850 毫米×1168 毫米　32 开　　印张/1.5　字数/19 千

版次/2023 年 6 月第 1 版　　2023 年 6 月第 1 次印刷

中国法制出版社出版

书号 ISBN 978-7-5216-3676-5　　定价：6.00 元

北京市西城区西便门西里甲 16 号西便门办公区

邮政编码：100053　　传真：010-63141600

网址：http：//www.zgfzs.com　　**编辑部电话：010-63141673**

市场营销部电话：010-63141612　　**印务部电话：010-63141606**

（如有印装质量问题，请与本社印务部联系。）

目　　录

中华人民共和国主席令

第六号

《中华人民共和国无障碍环境建设法》已由中华人民共和国第十四届全国人民代表大会常务委员会第三次会议于 2023 年 6 月 28 日通过，现予公布，自 2023 年 9 月 1 日起施行。

中华人民共和国主席　习近平

2023 年 6 月 28 日

中华人民共和国
无障碍环境建设法

（2023年6月28日第十四届全国人民代表大会常务委员会第三次会议通过）

目　　录

第一章　总　　则

第一条　为了加强无障碍环境建设，保障残疾人、老年人平等、充分、便捷地参与和融入社会生活，促进社会全体人员共享经济社会发展成果，弘扬社会主义核心价值观，根据宪法和有关法律，制定本法。

第二条　国家采取措施推进无障碍环境建设，为残疾人、老年人自主安全地通行道路、出入建筑物以及使用其附属设施、搭乘公共交通运输工具，获取、使用和交流信息，获得社会服务等提供便利。

残疾人、老年人之外的其他人有无障碍需求的，可以享受无障碍环境便利。

第三条　无障碍环境建设应当坚持中国共产党的领导，发挥政府主导作用，调动市场主体积极性，引导社会组织和公众广泛参与，推动全社会共建共治共享。

第四条　无障碍环境建设应当与适老化改造相结合，遵循安全便利、实用易行、广泛受益的原则。

第五条　无障碍环境建设应当与经济社会发展水

平相适应，统筹城镇和农村发展，逐步缩小城乡无障碍环境建设的差距。

第六条 县级以上人民政府应当将无障碍环境建设纳入国民经济和社会发展规划，将所需经费纳入本级预算，建立稳定的经费保障机制。

第七条 县级以上人民政府应当统筹协调和督促指导有关部门在各自职责范围内做好无障碍环境建设工作。

县级以上人民政府住房和城乡建设、民政、工业和信息化、交通运输、自然资源、文化和旅游、教育、卫生健康等部门应当在各自职责范围内，开展无障碍环境建设工作。

乡镇人民政府、街道办事处应当协助有关部门做好无障碍环境建设工作。

第八条 残疾人联合会、老龄协会等组织依照法律、法规以及各自章程，协助各级人民政府及其有关部门做好无障碍环境建设工作。

第九条 制定或者修改涉及无障碍环境建设的法律、法规、规章、规划和其他规范性文件，应当征求残疾人、老年人代表以及残疾人联合会、老龄协会等组织的意见。

第十条 国家鼓励和支持企业事业单位、社会组织、个人等社会力量，通过捐赠、志愿服务等方式参与无障碍环境建设。

国家支持开展无障碍环境建设工作的国际交流与合作。

第十一条 对在无障碍环境建设工作中做出显著成绩的单位和个人，按照国家有关规定给予表彰和奖励。

第二章 无障碍设施建设

第十二条 新建、改建、扩建的居住建筑、居住区、公共建筑、公共场所、交通运输设施、城乡道路等，应当符合无障碍设施工程建设标准。

无障碍设施应当与主体工程同步规划、同步设计、同步施工、同步验收、同步交付使用，并与周边的无障碍设施有效衔接、实现贯通。

无障碍设施应当设置符合标准的无障碍标识，并纳入周边环境或者建筑物内部的引导标识系统。

第十三条 国家鼓励工程建设、设计、施工等单位采用先进的理念和技术，建设人性化、系统化、智能化并与周边环境相协调的无障碍设施。

第十四条 工程建设单位应当将无障碍设施建设经费纳入工程建设项目概预算。

工程建设单位不得明示或者暗示设计、施工单位违反无障碍设施工程建设标准；不得擅自将未经验收或者验收不合格的无障碍设施交付使用。

第十五条 工程设计单位应当按照无障碍设施工程建设标准进行设计。

依法需要进行施工图设计文件审查的，施工图审查机构应当按照法律、法规和无障碍设施工程建设标准，对无障碍设施设计内容进行审查；不符合有关规定的，不予审查通过。

第十六条 工程施工、监理单位应当按照施工图设计文件以及相关标准进行无障碍设施施工和监理。

住房和城乡建设等主管部门对未按照法律、法规和无障碍设施工程建设标准开展无障碍设施验收或者验收不合格的，不予办理竣工验收备案手续。

第十七条 国家鼓励工程建设单位在新建、改建、扩建建设项目的规划、设计和竣工验收等环节，邀请残疾人、老年人代表以及残疾人联合会、老龄协会等组织，参加意见征询和体验试用等活动。

第十八条 对既有的不符合无障碍设施工程建设标准的居住建筑、居住区、公共建筑、公共场所、交通运输设施、城乡道路等，县级以上人民政府应当根据实际情况，制定有针对性的无障碍设施改造计划并组织实施。

无障碍设施改造由所有权人或者管理人负责。所有权人、管理人和使用人之间约定改造责任的，由约定的责任人负责。

不具备无障碍设施改造条件的，责任人应当采取必要的替代性措施。

第十九条 县级以上人民政府应当支持、指导家庭无障碍设施改造。对符合条件的残疾人、老年人家庭应当给予适当补贴。

居民委员会、村民委员会、居住区管理服务单位以及业主委员会应当支持并配合家庭无障碍设施改造。

第二十条 残疾人集中就业单位应当按照有关标准和要求，建设和改造无障碍设施。

国家鼓励和支持用人单位开展就业场所无障碍设施建设和改造，为残疾人职工提供必要的劳动条件和便利。

第二十一条 新建、改建、扩建公共建筑、公共场所、交通运输设施以及居住区的公共服务设施，应当按照无障碍设施工程建设标准，配套建设无障碍设施；既有的上述建筑、场所和设施不符合无障碍设施工程建设标准的，应当进行必要的改造。

第二十二条 国家支持城镇老旧小区既有多层住宅加装电梯或者其他无障碍设施，为残疾人、老年人提供便利。

县级以上人民政府及其有关部门应当采取措施、创造条件，并发挥社区基层组织作用，推动既有多层住宅加装电梯或者其他无障碍设施。

房屋所有权人应当弘扬中华民族与邻为善、守望相助等传统美德，加强沟通协商，依法配合既有多层住宅加装电梯或者其他无障碍设施。

第二十三条 新建、改建、扩建和具备改造条件的城市主干路、主要商业区和大型居住区的人行天桥和人行地下通道，应当按照无障碍设施工程建设标准，建设或者改造无障碍设施。

城市主干路、主要商业区等无障碍需求比较集中的区域的人行道，应当按照标准设置盲道；城市中心区、残疾人集中就业单位和集中就读学校周边的人行横道的交通信号设施，应当按照标准安装过街音响提示装置。

第二十四条 停车场应当按照无障碍设施工程建设标准，设置无障碍停车位，并设置显著标志标识。

无障碍停车位优先供肢体残疾人驾驶或者乘坐的机动车使用。优先使用无障碍停车位的，应当在显著位置放置残疾人车辆专用标志或者提供残疾人证。

在无障碍停车位充足的情况下，其他行动不便的残疾人、老年人、孕妇、婴幼儿等驾驶或者乘坐的机动车也可以使用。

第二十五条 新投入运营的民用航空器、客运列车、客运船舶、公共汽电车、城市轨道交通车辆等公共交通运输工具，应当确保一定比例符合无障碍标准。

既有公共交通运输工具具备改造条件的，应当进行无障碍改造，逐步符合无障碍标准的要求；不具备改造条件的，公共交通运输工具的运营单位应当采取必要的替代性措施。

县级以上地方人民政府根据当地情况，逐步建立城市无障碍公交导乘系统，规划配置适量的无障碍出租汽车。

第二十六条 无障碍设施所有权人或者管理人应当对无障碍设施履行以下维护和管理责任，保障无障碍设施功能正常和使用安全：

（一）对损坏的无障碍设施和标识进行维修或者替换；

（二）对需改造的无障碍设施进行改造；

（三）纠正占用无障碍设施的行为；

（四）进行其他必要的维护和保养。

所有权人、管理人和使用人之间有约定的，由约定的责任人负责维护和管理。

第二十七条 因特殊情况设置的临时无障碍设施，应当符合无障碍设施工程建设标准。

第二十八条 任何单位和个人不得擅自改变无障碍设施的用途或者非法占用、损坏无障碍设施。

因特殊情况临时占用无障碍设施的，应当公告并设置护栏、警示标志或者信号设施，同时采取必要的替代性措施。临时占用期满，应当及时恢复原状。

第三章 无障碍信息交流

第二十九条 各级人民政府及其有关部门应当为

残疾人、老年人获取公共信息提供便利；发布涉及自然灾害、事故灾难、公共卫生事件、社会安全事件等突发事件信息时，条件具备的同步采取语音、大字、盲文、手语等无障碍信息交流方式。

第三十条 利用财政资金设立的电视台应当在播出电视节目时配备同步字幕，条件具备的每天至少播放一次配播手语的新闻节目，并逐步扩大配播手语的节目范围。

国家鼓励公开出版发行的影视类录像制品、网络视频节目加配字幕、手语或者口述音轨。

第三十一条 国家鼓励公开出版发行的图书、报刊配备有声、大字、盲文、电子等无障碍格式版本，方便残疾人、老年人阅读。

国家鼓励教材编写、出版单位根据不同教育阶段实际，编写、出版盲文版、低视力版教学用书，满足盲人和其他有视力障碍的学生的学习需求。

第三十二条 利用财政资金建立的互联网网站、服务平台、移动互联网应用程序，应当逐步符合无障碍网站设计标准和国家信息无障碍标准。

国家鼓励新闻资讯、社交通讯、生活购物、医疗健康、金融服务、学习教育、交通出行等领域的互联网网站、移动互联网应用程序，逐步符合无障碍网站设计标准和国家信息无障碍标准。

国家鼓励地图导航定位产品逐步完善无障碍设施的标识和无障碍出行路线导航功能。

第三十三条　音视频以及多媒体设备、移动智能终端设备、电信终端设备制造者提供的产品，应当逐步具备语音、大字等无障碍功能。

银行、医院、城市轨道交通车站、民用运输机场航站区、客运站、客运码头、大型景区等的自助公共服务终端设备，应当具备语音、大字、盲文等无障碍功能。

第三十四条　电信业务经营者提供基础电信服务时，应当为残疾人、老年人提供必要的语音、大字信息服务或者人工服务。

第三十五条　政务服务便民热线和报警求助、消防应急、交通事故、医疗急救等紧急呼叫系统，应当逐步具备语音、大字、盲文、一键呼叫等无障碍功能。

第三十六条　提供公共文化服务的图书馆、博物馆、文化馆、科技馆等应当考虑残疾人、老年人的特点，积极创造条件，提供适合其需要的文献信息、无障碍设施设备和服务等。

第三十七条 国务院有关部门应当完善药品标签、说明书的管理规范，要求药品生产经营者提供语音、大字、盲文、电子等无障碍格式版本的标签、说明书。

国家鼓励其他商品的生产经营者提供语音、大字、盲文、电子等无障碍格式版本的标签、说明书，方便残疾人、老年人识别和使用。

第三十八条 国家推广和使用国家通用手语、国家通用盲文。

基本公共服务使用手语、盲文以及各类学校开展手语、盲文教育教学时，应当采用国家通用手语、国家通用盲文。

第四章 无障碍社会服务

第三十九条 公共服务场所应当配备必要的无障碍设备和辅助器具，标注指引无障碍设施，为残疾人、老年人提供无障碍服务。

公共服务场所涉及医疗健康、社会保障、金融业务、生活缴费等服务事项的，应当保留现场指导、人工办理等传统服务方式。

第四十条 行政服务机构、社区服务机构以及供水、供电、供气、供热等公共服务机构，应当设置低位服务台或者无障碍服务窗口，配备电子信息显示屏、手写板、语音提示等设备，为残疾人、老年人提供无障碍服务。

第四十一条 司法机关、仲裁机构、法律援助机构应当依法为残疾人、老年人参加诉讼、仲裁活动和获得法律援助提供无障碍服务。

国家鼓励律师事务所、公证机构、司法鉴定机构、基层法律服务所等法律服务机构，结合所提供的服务内容提供无障碍服务。

第四十二条 交通运输设施和公共交通运输工具的运营单位应当根据各类运输方式的服务特点，结合设施设备条件和所提供的服务内容，为残疾人、老年人设置无障碍服务窗口、专用等候区域、绿色通道和优先坐席，提供辅助器具、咨询引导、字幕报站、语音提示、预约定制等无障碍服务。

第四十三条 教育行政部门和教育机构应当加强教育场所的无障碍环境建设，为有残疾的师生、员工提供无障碍服务。

国家举办的教育考试、职业资格考试、技术技能考试、招录招聘考试以及各类学校组织的统一考试，应当为有残疾的考生提供便利服务。

第四十四条 医疗卫生机构应当结合所提供的服务内容，为残疾人、老年人就医提供便利。

与残疾人、老年人相关的服务机构应当配备无障碍设备，在生活照料、康复护理等方面提供无障碍服务。

第四十五条 国家鼓励文化、旅游、体育、金融、邮政、电信、交通、商业、餐饮、住宿、物业管理等服务场所结合所提供的服务内容，为残疾人、老年人提供辅助器具、咨询引导等无障碍服务。

国家鼓励邮政、快递企业为行动不便的残疾人、老年人提供上门收寄服务。

第四十六条 公共场所经营管理单位、交通运输设施和公共交通运输工具的运营单位应当为残疾人携带导盲犬、导听犬、辅助犬等服务犬提供便利。

残疾人携带服务犬出入公共场所、使用交通运输设施和公共交通运输工具的，应当遵守国家有关规定，为服务犬佩戴明显识别装备，并采取必要的防护措施。

第四十七条 应急避难场所的管理人在制定以及实施工作预案时，应当考虑残疾人、老年人的无障碍需求，视情况设置语音、大字、闪光等提示装置，完善无障碍服务功能。

第四十八条 组织选举的部门和单位应当采取措施，为残疾人、老年人选民参加投票提供便利和必要协助。

第四十九条 国家鼓励和支持无障碍信息服务平台建设，为残疾人、老年人提供远程实时无障碍信息服务。

第五章 保障措施

第五十条 国家开展无障碍环境理念的宣传教育，普及无障碍环境知识，传播无障碍环境文化，提升全社会的无障碍环境意识。

新闻媒体应当积极开展无障碍环境建设方面的公益宣传。

第五十一条 国家推广通用设计理念，建立健全国家标准、行业标准、地方标准，鼓励发展具有引领性的团体标准、企业标准，加强标准之间的衔接配合，构建无障碍环境建设标准体系。

地方结合本地实际制定的地方标准不得低于国家标准的相关技术要求。

第五十二条 制定或者修改涉及无障碍环境建设的标准，应当征求残疾人、老年人代表以及残疾人联合会、老龄协会等组织的意见。残疾人联合会、老龄协会等组织可以依法提出制定或者修改无障碍环境建设标准的建议。

第五十三条 国家建立健全无障碍设计、设施、产品、服务的认证和无障碍信息的评测制度，并推动结果采信应用。

第五十四条 国家通过经费支持、政府采购、税收优惠等方式，促进新科技成果在无障碍环境建设中的运用，鼓励无障碍技术、产品和服务的研发、生产、应用和推广，支持无障碍设施、信息和服务的融合发展。

第五十五条 国家建立无障碍环境建设相关领域人才培养机制。

国家鼓励高等学校、中等职业学校等开设无障碍环境建设相关专业和课程，开展无障碍环境建设理论研究、国际交流和实践活动。

建筑、交通运输、计算机科学与技术等相关学科专业应当增加无障碍环境建设的教学和实践内容，相关领域职业资格、继续教育以及其他培训的考试内容应当包括无障碍环境建设知识。

第五十六条 国家鼓励机关、企业事业单位、社会团体以及其他社会组织，对工作人员进行无障碍服务知识与技能培训。

第五十七条 文明城市、文明村镇、文明单位、文明社区、文明校园等创建活动，应当将无障碍环境建设情况作为重要内容。

第六章 监督管理

第五十八条 县级以上人民政府及其有关主管部门依法对无障碍环境建设进行监督检查，根据工作需要开展联合监督检查。

第五十九条 国家实施无障碍环境建设目标责任制和考核评价制度。县级以上地方人民政府根据本地区实际，制定具体考核办法。

第六十条 县级以上地方人民政府有关主管部门定期委托第三方机构开展无障碍环境建设评估，并将评估结果向社会公布，接受社会监督。

第六十一条 县级以上人民政府建立无障碍环境建设信息公示制度，定期发布无障碍环境建设情况。

第六十二条 任何组织和个人有权向政府有关主管部门提出加强和改进无障碍环境建设的意见和建议，对违反本法规定的行为进行投诉、举报。县级以上人民政府有关主管部门接到涉及无障碍环境建设的投诉和举报，应当及时处理并予以答复。

残疾人联合会、老龄协会等组织根据需要，可以聘请残疾人、老年人代表以及具有相关专业知识的人员，对无障碍环境建设情况进行监督。

新闻媒体可以对无障碍环境建设情况开展舆论监督。

第六十三条 对违反本法规定损害社会公共利益的行为，人民检察院可以提出检察建议或者提起公益诉讼。

第七章 法律责任

第六十四条 工程建设、设计、施工、监理单位未按照本法规定进行建设、设计、施工、监理的，由住房和城乡建设、民政、交通运输等相关主管部门责令限期改正；逾期未改正的，依照相关法律法规的规定进行处罚。

第六十五条 违反本法规定，有下列情形之一的，由住房和城乡建设、民政、交通运输等相关主管部门责令限期改正；逾期未改正的，对单位处一万元以上三万元以下罚款，对个人处一百元以上五百元以下罚款：

（一）无障碍设施责任人不履行维护和管理职责，无法保障无障碍设施功能正常和使用安全；

（二）设置临时无障碍设施不符合相关规定；

（三）擅自改变无障碍设施的用途或者非法占用、损坏无障碍设施。

第六十六条 违反本法规定，不依法履行无障碍信息交流义务的，由网信、工业和信息化、电信、广播电视、新闻出版等相关主管部门责令限期改正；逾期未改正的，予以通报批评。

第六十七条 电信业务经营者不依法提供无障碍信息服务的，由电信主管部门责令限期改正；逾期未改正的，处一万元以上十万元以下罚款。

第六十八条 负有公共服务职责的部门和单位未

依法提供无障碍社会服务的，由本级人民政府或者上级主管部门责令限期改正；逾期未改正的，对直接负责的主管人员和其他直接责任人员依法给予处分。

第六十九条　考试举办者、组织者未依法向有残疾的考生提供便利服务的，由本级人民政府或者上级主管部门予以批评并责令改正；拒不改正的，对直接负责的主管人员和其他直接责任人员依法给予处分。

第七十条　无障碍环境建设相关主管部门、有关组织的工作人员滥用职权、玩忽职守、徇私舞弊的，依法给予处分。

第七十一条　违反本法规定，造成人身损害、财产损失的，依法承担民事责任；构成犯罪的，依法追究刑事责任。

第八章　附　　则

第七十二条　本法自 2023 年 9 月 1 日起施行。

关于《中华人民共和国无障碍环境建设法（草案）》的说明

——2022年10月27日在第十三届全国人民代表大会常务委员会第三十七次会议上

全国人大社会建设委员会主任委员　何毅亭

委员长、各位副委员长、秘书长、各位委员：

我受全国人大社会建设委员会委托，作关于《中华人民共和国无障碍环境建设法（草案）》的说明。

一、立法的必要性和重大意义

无障碍环境建设是残疾人、老年人等群体权益保障的重要内容，对于促进社会融合和人的全面发展具有重要价值，党和国家一直高度重视。党的十八大以来，以习近平同志为核心的党中央就推动我国人权事业发展、加强残疾人和老年人等群体的权益保障、推进无障碍环境建设，作出一系列决策部署。习近平总书记明确指出："无障碍设施建设问题是一个国家和社会文明的标志，我们要高度重视"，将无障碍环境建设的重要性提升到新的高度，为我们做好无障碍环境建设工作、开展相应立法指明了方向、提供了遵循。

我国的无障碍环境建设从上世纪80年代起步，2012年《无障碍环境建设条例》（以下简称《条例》）颁布实施后快速发展，为包括残疾人、老年人在内的全体社会成员参与融入社会生活、共享改革发展成果发挥了重要作用，展示了我国经济社会发展和人权保障的成就。但总的来看，我国的无障碍环境建设整体水平与经济社会发展成就尚不匹配，存在许多问题、面临亟待解决的困难：无障碍设施建设需求量大而迫切，不平衡不充分不系统特征明显；无障碍信息交流和无障碍社会服务远远不能满足当前人民群众的实际需要，"数字鸿沟"和"服务赤字"客观存在，与此同时，无障碍理念尚未深入人心、人才培养严重不足、建设资金来源渠道狭窄、管理体制不够完善，都在一定程度上制约着无障碍环境建设的健康发展。新时代人民群众对美好生活的向往和我国人口老龄化的加速发展，对无障碍环境建设提出了新的更高的要求。面对无障碍环境建设需求多样、基数庞大、主体多元的现实，民法典、残疾人保障法、老年人权益保障法等法律中对无障碍的相关规定失于零散、缺乏衔接，有的内容交叉重叠；城乡规划法、建筑法、民用航空法、铁路法等与无障碍环境建设密切相关的法律中则没有直接涉及；现行《条例》位阶不高、规定较为原则、监管力度不足、约束力不强，已不适应形势发展的需要。迫切需要制定一部专门的法律，对无障碍环境建设进行集中规范。

这是坚持以人为本、尊重和保障人权的重要体现。我国现有残疾人约 8500 万，截至 2021 年底 60 岁及以上的老年人已有 2.67 亿，加上有无障碍需求的孕妇、儿童、伤病人员等，人数合计数亿人。加强无障碍环境建设，消除公共设施、交通出行、信息交流、社会服务等领域的障碍，使这些人平等参与到社会生活中，保障其生活尊严，提升其生活品质，是坚持以人民为中心的发展思想、落实宪法法律要求和党中央有关决策部署、推动我国人权事业进步的内在要求，也是我国履行联合国《残疾人权利公约》等国际公约义务的重要内容，体现了国家的责任和社会的温情。

这是实施积极应对人口老龄化国家战略的必然要求。人口老龄化是未来很长一段时期内我国的基本国情，对经济社会发展的影响广泛而深远，劳动力减少、消费需求降低、创新动力不足可能是其中比较突出的方面。目前我国的残疾人中 5900 多万属于轻中度残疾，低龄老年人口中仅 60—65 岁年龄段的人数就有 6700 多万。加强无障碍环境建设，弥补残疾人、老年人等因身体机能部分缺失或退化产生的差异，可以便利大量轻中度残疾人和低龄老年人走出家庭、进入就业市场，从而极大地释放社会劳动潜力、提升社会消费能力。同时，面对未来三成左右国民的社会生活需求，围绕无障碍的设施设备、信息技术等的研发、应用，将有力促进国家科技化、信息化水平的提升，推动经济高质量发展。

这是切实提高无障碍环境建设质量的有力保障。无障碍环境特别是无障碍设施只有做到系统、连续、规范、安全才更有意义，孤立的、不规范的、损毁的设施，不仅会造成大量资源浪费，还会带来生活的不便，甚至形成严重的安全隐患。新时代的无障碍环境建设在继续解决“有没有”的同时，更要努力解决“好不好”“管不管用”的问题。加强无障碍环境建设，拓展无障碍的内涵，普及正确理念，强化源头治理，压实各方责任，扩大社会参与，提升技术水平，将会有力推动无障碍环境建设更加科学、节约、创新、融合。

全国人大常委会贯彻落实党中央决策部署，积极回应社会关切，将无障碍环境建设立法列入常委会2022年度立法工作计划。社会委在中国残联提供的建议稿基础上，结合几年来办理代表议案建议和相关调研掌握的情况，并认真听取国务院相关部门的意见建议，形成了草案征求意见稿。其后征求了31个省级人大社会委的意见，召开了专家座谈会，委托中国残联收集了广大残疾人、老年人代表的意见和建议，并征求了“一府两院”的意见。在认真研究讨论、充分吸纳各方意见的基础上，形成了《中华人民共和国无障碍环境建设法（草案）》（以下简称《草案》）。

二、立法的指导思想和总体思路

指导思想是：以习近平新时代中国特色社会主义思想为指导，贯彻落实习近平总书记有关重要指示批示精神和党中央决策部署，坚持以人民为中心，践行全过程人民民主，以推动建设惠及全体社会成员的无障碍环境为目标，建立健全我国无障碍环境建设法律制度，为无障碍环境建设提供法治保障。

总体思路是：

（一）面向全体成员，突出重点人群。无障碍环境建设事关每一个人，特别是残疾人、老年人、孕妇、幼儿、伤病者、负重者等。《草案》强调通用设计、广泛受益，同时基于数量庞大的残疾人和老年人群体对无障碍环境需求更大、倚赖更深的实际情况，充分考虑残疾人部分功能丧失、老年人功能衰退而产生的无障碍需求，对部分无障碍设施和信息交流作出适残、适老的特别规定，在无障碍社会服务中明确要求为有无障碍需求的社会成员提供便利，以最大限度满足残疾人和老年人的特定需要。

（二）坚持政府主导，推动共建共享。无障碍环境建设长期被人们视为残疾人的“特惠”、与自身关系不大，甚至是浪费社会资源，因此社会认知度不高、参与不足，资金投入主要依靠政府。《草案》坚持政府在无障碍环境建设中的主导地位，同时重视发挥市场在资源配置中的作用，通过财政补贴、经费支持、政府采购等方式，充分调动市场主体的积极性，促进相关产业发展；通过加强理论研究、宣传教育、奖励激励，鼓励全社会积极参与，实现无障碍环境共建共享。

（三）立足国情实际，实行适度前瞻。与经济社会发展水平相适应，是无障碍环境建设推得动、可持续的客观要求。《草案》在无障碍实现程度上，把建设目标建立在财力可持续和社会可承受的基础之上，坚持尽力而为、量力而行，合理安排无障碍环境建设达标时序，对新建与改造、不同领域和场所等，作出适度区别的规定，不搞过高标准、齐步走、“一刀切”；在实现形式上，实行因地制宜，既高度重视技术标准，也鼓励配套服务，同时充分考虑科技赋能因素，对于未来可能通过高科技实现无障碍的领域不做过细的规范，为科技发展留下充足空间。

（四）坚持系统思维，实现统筹推进。无障碍环境建设是一个系统工程，渗透于社会生活的方方面面，涉及政府职责、市场行为、社会公益等不同层面，公众对无障碍的认知也直接或间接地影响其发展。《草案》试图通过有效的制度设计，推动政府、市场、社会共同发力，法律、法规、标准、政策协同配合，实现无障碍物理环境、信息环境、人文环境一体推进，在经济社会全面发展的过程中，促进高质量无障碍环境建设。

三、《草案》的结构和主要内容

《草案》是对《条例》的丰富和发展，将《条例》中经实践证明行之有效的规定上升为法律并予以充实，同时对《条例》欠缺的内容作了补充。目前的《草案》包括总则、无障碍设施建设、无障碍信息交流、无障碍社会服务、监督保障、法律责任、附则，共 7 章 72 条。主要内容如下：

（一）扩展了受益人群。将受益人群从以残疾人为主扩大为全体社会成员，同时为避免以往无障碍受益人群多采用列举方式导致的界限不清问题，从身体功能受限的角度，创设“有无障碍需求的社会成员”概念，并在附则中单设一条予以明确。

（二）完善了相关体制机制。一是确立了经费保障机制；二是规定了县级以上人民政府无障碍环境建设协调机制；三是增加了政府及其有关部门的监督检查、考核评价、信息公示、投诉处理等相关工作机制；四是充实了包括体验试用、社会监督、检察公益诉讼等在内的监督机制。

（三）对设施建设和改造提出更高要求。一是从城乡一体化发展考虑，不再对城市和农村的无障碍设施建设分别表述；二是明确工程建设、设计、施工、监理、审查、验收备案各单位的相应职责；三是要求地方政府制定对不符合强制性标准的既有设施进行无障碍改造的计划并组织实施，对家庭、居住区、就业场所、道路、公共交通运输工具等的无障碍以及无障碍卫生间和停车位，提出明确要求；四是对无障碍设施维护和管理等作出细化规定。

（四）丰富了信息交流内容。一是要求政府及其有关部门在提供公共信息、发布突发事件信息时应采取无障碍方式；二是强化影视节目、图书报刊、网络应用、硬件终端、电信业务、公共图书馆等提供无障碍信息的要求；三是鼓励食品药品等商品外部包装配置无障碍说明书的要求；四是对国家通用手语和通用盲文的推广使用作出要求。

（五）扩展了社会服务范围。一是规定国家机关和法律法规授权具有管理公共事务职能的组织的公共服务场所提供无障碍服务的基本要求；二是细化与社会生活密切相关的选举、公共服务、司法诉讼以及公共交通、教育考试、医疗卫生、文旅体育等方面的无障碍社会服务；三是要求政府热线和报警求助、消防应急、交通事故、医疗急救等紧急呼叫系统逐步具备无障碍功能；四是要求根据残疾人、老年人的特点，保留现场人工办理等传统服务方式。

（六）强化了法律责任。参考刑法、民法典、行政处罚法、《建设工程质量管理条例》等相关法律法规的规定，对无障碍环境建设相关法律责任进行了强化。

《中华人民共和国无障碍环境建设法（草案）》和以上说明是否妥当，请审议。

全国人民代表大会宪法和法律委员会关于《中华人民共和国无障碍环境建设法（草案）》修改情况的汇报

全国人民代表大会常务委员会：

无障碍环境建设是保障残疾人、老年人等群体平等充分参与社会生活的一项重要工作，是国家和社会文明的标志。制定无障碍环境建设法，提升无障碍环境建设质量，对于加强残疾人、老年人等群体权益保障，增进民生福祉，提高人民生活品质具有重要意义。根据全国人大常委会 2022 年度立法工作计划，草案由社会建设委员会牵头组织起草。草案包括总则、无障碍设施建设、无障碍信息交流、无障碍社会服务、监督保障、法律责任、附则，共 7 章 72 条。2022 年 10 月，十三届全国人大常委会第三十七次会议对无障碍环境建设法草案进行了初次审议。

会后，法制工作委员会将草案印发有关部门、地方和单位征求意见；在中国人大网公布草案全文，征求社会公众意见；赴重庆、广东、天津、上海、山东开展调研，广泛听取有关部门、残联、高校、基层立法联系点以及全国人大代表、残疾人代表等的意见建议；张庆伟副委员长到北京市、中国残联进行调研，听取有关方面的意见。宪法和法律委员会于 4 月 13 日召开会议，根据常委会组成人员审议意见和各方面意见，对草案进行了逐条审议。全国人大社会建设委员会、中国残疾人联合会有关负责同志列席了会议。4 月 17 日，宪法和法律委员会召开会议，再次进行了审议。现将无障碍环境建设法草案主要问题修改情况汇报如下：

一、有的常委委员、地方提出，应当进一步加大对无障碍环境建设的保障力度，建议增加相关保障措施。宪法和法律委员会经研究，建议增加“保障措施”一章，从强化无障碍环境宣传教育、完善标准体系建设、加强人才培养和文明创建活动等方面充实相关规定；并将草案第五章章名由“监督保障”修改为“监督管理”，作为草案第六章。

二、无障碍环境建设是为残疾人、老年人等群体提供服务便利。草案第一条在立法目的中，将无障碍环境建设的保障对象扩大为全体社会成员。有的常委委员、专委会组成人员、基层立法联系点和社会公众提出，无障碍环境建设应当突出基本定位，重点保障残疾人、老年人，同时惠及其他人。宪法和法律委员会经研究，建议修改有关规定，明确本法的立法目的："为了加强无障碍环境建设，保障残疾人、老年人等平等、充分、便捷地参与和融入社会生活，弘扬社会主义核心价值观，促进社会全体人员共享经济社会发展成果，根据宪法，制定本法。"同时明确规定："残疾人、老年人之外的其他人有无障碍需求的，可以享受无障碍环境提供的便利。"

三、有的常委委员、部门和地方提出，应当进一步明确参与无障碍环境建设工作的有关单位及其职能。宪法和法律委员会经研究，建议作以下修改：一是删除草案第五条第二款有关政府部门应当制定无障碍环境建设专项规划和计划并组织实施的规定。二是增加规定："乡镇人民政府、街道办事处协助有关部门依法履行职责，做好无障碍环境建设工作。"

四、草案第六条第一款规定，县级以上人民政府应当建立无障碍环境建设协调机制，协调机制具体工作由县级以上人民政府住房和城乡建设部门承担。有的部门和地方提出，关于建立协调机制，党中央有严格要求，无障碍环境建设协调机制目前仅在个别地方探索，尚不成熟，建议按照党中央有关从严控制议事协调机构设立的精神，删除协调机制有关规定。宪法和法律委员会经研究，建议采纳这一意见。

五、草案多处规定有“依法设立的老年人组织”。有的常委委员、地方和社会公众提出，这一概念不够准确，也不能全覆盖，实践中老年人组织多种多样，有经批准设立的，也有依法登记成立的，建议按照党和国家机构改革方案有关完善老龄工作体制的要求，将“依法设立的老年人组织”修改为“老龄协会”。宪法和法律委员会经研究，建议采纳这一意见。

六、有的常委委员、部门和地方建议，完善有关规定推动解决城镇老旧小区无障碍设施和适老化改造中加装电梯问题。宪法和法律委员会经研究，建议将草案第二十二条第二款单独作为一条，修改为：“国家支持既有住宅加装电梯或者其他无障碍设施，为残疾人、老年人等提供便利。”“县级以上人民政府及其有关部门应当采取措施创造条件，推动既有住宅加装电梯或者其他无障碍设施。”“房屋所有权人应当弘扬中华民族与邻为善、守望相助等传统美德，积极配合既有住宅加装电梯或者其他无障碍设施。”

七、有的常委委员提出，草案一些规定与其他法律规定不一致，也不符合实践中的实际做法。宪法和法律委员会经研究，建议作以下修改：一是与公共图书馆法衔接，将草案第三十六条修改为：“公共图书馆应当考虑残疾人、老年人等的特点，积极创造条件，提供适合其需要的文献信息、无障碍设施设备和服务等。”二是与选举法等规定一致，将草案第四十条修改为：“组织选举的部门和单位应当采取措施，为残疾人、老年人等选民参加投票提供便利和必要协助。”

八、有的常委委员、单位和地方提出，应当支持无障碍环境建设工作的交流与合作，并加大对无障碍环境建设的宣传力度。宪法和法律委员会经研究，建议增加规定：“国家支持开展无障碍环境建设工作的国际交流与合作。”“新闻媒体应当积极开展无障碍环境建设方面的公益宣传。”

九、有的常委委员、部门和地方提出，草案有关法律责任的规定，有的其他法律、行政法规已经明确，不必重复；有的涉及的问题比较复杂，不宜硬性要求；有的行为主体不同，应当适当区分。宪法和法律委员会经研究，建议对草案第六十条、第六十一条作合并修改，并对法律责任其他有关规定进行修改完善。

此外，还对草案作了一些文字修改。

草案二次审议稿已按上述意见作了修改，宪法和法律委员会建议提请本次常委会会议继续审议。

草案二次审议稿和以上汇报是否妥当，请审议。

全国人民代表大会宪法和法律委员会

2023 年 4 月 24 日

全国人民代表大会宪法和法律委员会关于《中华人民共和国无障碍环境建设法（草案）》审议结果的报告

全国人民代表大会常务委员会：

常委会第二次会议对无障碍环境建设法草案进行了二次审议。会后，法制工作委员会在中国人大网公布草案二次审议稿全文，向社会公开征求意见；召开四个基层立法联系点视频座谈会，专门听取基层立法联系点有关单位、社区工作人员、居民代表等的意见建议。宪法和法律委员会、法制工作委员会赴福建、河北开展调研，广泛听取有关部门、残联、高校以及全国人大代表、残疾人代表等的意见建议。宪法和法律委员会于6月1日召开会议，根据常委会组成人员审议意见和各方面的意见，对草案进行了逐条审议。全国人大社会建设委员会、中国残疾人联合会有关负责同志列席了会议。6月19日，宪法和法律委员会召开会议，再次进行了审议。宪法和法律委员会认为，草案经过两次审议修改，已经比较成熟。同时，提出以下主要修改意见：

一、有的常委委员提出，统筹推进无障碍环境建设与适老化改造，是应对人口老龄化和加强新时代老龄工作的重要举措，本法应该有所体现。宪法和法律委员会经研究，建议增加规定，明确无障碍环境建设应当与适老化改造相结合。

二、有的常委会组成人员提出，实践中无障碍设施改造工作涉及的范围广泛、情况较为复杂，为确保改造取得实效，政府制定的改造计划应当具有针对性。宪法和法律委员会经研究，建议明确县级以上人民政府应当制定“有针对性的”无障碍设施改造计划并组织实施。

三、草案二次审议稿第二十二条从国家支持、政府推动、居民配合三个方面，对加装电梯等无障碍设施作出规定。有些常委委员、基层立法联系点和社会公众提出，社会广泛关注加装电梯等无障碍设施的问题，应当进一步明确加装范围，发挥社区基层组织作用，并充分考虑居民的不同利益诉求。宪法和法律委员会经研究，建议作如下修改：一是将加装电梯等无障碍设施的住宅范围明确为“城镇老旧小区既有多层住宅”；二是增加“发挥社区基层组织作用”以及房屋所有权人“加强沟通协商”的规定。

四、有的常委委员、全国人大代表和单位提出，应当鼓励编写、出版盲文版、低视力版教材，满足有视力障碍学生的学习需求。宪法和法律委员会经研究，建议增加规定：“国家鼓励教材编写、出版单位根据不同教育阶段实际，编写、出版盲文版、低视力版教学用书，满足盲人和其他有视力障碍的学生的学习需求。”

五、草案二次审议稿第三十六条按照公共图书馆法的规定作了修改。有的常委委员和社会公众提出，草案也应当与公共文化服务保障法相衔接，进一步扩大提供无障碍信息服务的主体范围。宪法和法律委员会经研究，建议增加“博物馆、文化馆、科技馆”等为残疾人、老年人提供无障碍设施设备和服务的规定。

六、草案二次审议稿第三十七条规定，国家鼓励食品、药品等商品生产经营者在商品外部包装配置盲文、大字、语音说明书。有的常委委员和社会公众提出，商品尤其是药品的说明书字体小、阅读不方便的问题较为突出，建议进一步完善相关规定。宪法和法律委员会经研究，建议修改为："国家鼓励食品、药品以及其他商品的生产经营者提供语音、大字、盲文等无障碍格式版本的标签、说明书，方便残疾人、老年人识别和使用。"

七、有的常委委员提出，全国各地经济社会发展水平不同，应当推动有条件的地方高标准建设无障碍环境。宪法和法律委员会经研究，建议增加规定："地方结合本地实际制定的地方标准不得低于国家标准的相关技术要求。"

八、有的常委会组成人员提出，无障碍环境建设应当采取适当的税收优惠鼓励措施，并支持新技术成果的运用。宪法和法律委员会经研究，建议在鼓励支持措施中增加"税收优惠"，并增加"促进新科技成果在无障碍环境建设中的运用"的规定。

此外，还对草案二次审议稿作了一些文字修改。

6 月 13 日，法制工作委员会召开会议，邀请基层有关政府部门、残联、残疾人代表和专家学者等就草案主要制度规范的可行性、出台时机、实施的社会效果和可能出现的问题等进行评估。与会人员一致认为，草案坚持以人民为中心，从设施建设、信息交流、社会服务等方面对无障碍环境建设作出全面规定，着力解决人民群众的“急难愁盼”问题，积极回应社会关切，内容全面、结构合理，主要制度规范是可行的；草案充分吸收了各方面意见，已经比较成熟，建议尽快出台。与会人员还提出了一些具体修改意见，有的意见已经采纳。

草案三次审议稿已按上述意见作了修改，宪法和法律委员会建议提请本次常委会会议审议通过。

草案三次审议稿和以上报告是否妥当，请审议。

全国人民代表大会宪法和法律委员会

2023年6月26日

全国人民代表大会宪法和法律委员会关于《中华人民共和国无障碍环境建设法（草案三次审议稿）》修改意见的报告

全国人民代表大会常务委员会：

本次常委会会议于6月26日下午对无障碍环境建设法草案三次审议稿进行了分组审议。普遍认为，草案已经比较成熟，赞成进一步修改后，提请本次常委会会议表决通过。同时，有些常委会组成人员和列席人员还提出了一些修改意见。宪法和法律委员会于6月26日晚召开会议，逐条研究了常委会组成人员和列席人员的审议意见，对草案进行了审议。全国人大社会建设委员会、中国残疾人联合会有关负责同志列席了会议。宪法和法律委员会认为，草案是可行的，同时，提出以下修改意见：

一、草案三次审议稿第二十三条第二款规定，城市中心区的人行横道的交通信号设施应当安装过街音响提示装置。有的常委委员提出，从有关地方的实践看，在残疾人较为集中的区域安装过街音响提示装置，对于保障残疾人出行安全很有助益，建议进一步扩大安装范围。宪法和法律委员会经研究，建议将安装范围规定为“城市中心区、残疾人集中就业单位和集中就读学校周边的人行横道”。

二、有些常委委员提出，药品直接涉及人民群众生命健康，有必要对药品无障碍格式版本的标签、说明书提出更为明确的要求。宪法和法律委员会经研究，建议修改有关规定，明确：“国务院有关部门应当完善药品标签、说明书的管理规范，要求药品生产经营者提供语音、大字、盲文、电子等无障碍格式版本的标签、说明书。”

三、有的常委委员提出，为进一步加强无障碍环境建设监督的针对性和有效性，建议借鉴一些地方的做法，增加聘请相关人员开展监督的规定。宪法和法律委员会经研究，建议增加规定：“残疾人联合会、老龄协会等组织根据需要，可以聘请残疾人、老年人代表以及具有相关专业知识的人员，对无障碍环境建设情况进行监督。”

常委会组成人员还提出了一些修改意见。宪法和法律委员会研究认为，有的在制定过程中已经反复研究，有的宜在实践中具体把握，有的需要有关部门和地方在配套规定中予以细化，草案可不再作进一步修改。

经与有关方面研究，建议将本法的施行时间确定为 2023 年 9 月 1 日。

此外，根据常委会组成人员的审议意见，还对草案三次审议稿作了个别文字修改。

草案修改稿已按上述意见作了修改，宪法和法律委员会建议本次常委会会议审议通过。

草案修改稿和以上报告是否妥当，请审议。

全国人民代表大会宪法和法律委员会

2023 年 6 月 28 日